¡INTERPRETANDO A DIOS
PARA NI

CRECIENDO con DIOS

Aventuras cotidianas escuchando
la voz de Dios

POR SHAWN BOLZ

Publicado por
NEWTYPE Publishing
NewTypePublishing.com

© 2017 por Shawn Bolz

Impreso en los Estados Unidos de América
ISBN: 978-1-947165-19-9

Ilustraciones | R.W. Lamont Hunt | www.dakotakidcreations.com

DEDICATORIA

Le dedico este libro a mis padres, quienes me ayudaron a crecer con Dios y son la inspiración detrás de estos libros. También se lo quiero dedicar a mi familia: Cherie, mi esposa, quien ha sido mi socia durante todo este camino, y mis niñas, Harper y Hartley, que son los amores de mi vida y ya tienen una conexión impresionante con Dios.

CAPÍTULO 1

María miró a todos sus viejos amigos que estaban a su alrededor y todos los nuevos amigos que había hecho en la semana, y no podía creer que era la última semana del campamento cristiano de verano en el lago. Se divirtió mucho, nadando, montando a caballo y haciendo carreras de relevo… pero su momento favorito fue cuando su amigo Lucas comenzó una inocente pelea de malvaviscos durante la fogata de anoche. Todos estaban súper pegajosos, y las fotos con las caras llenas de chocolate salieron geniales.

A María también le gustó la parte espiritual del campamento, y ella nunca se había sentido tan conectada con la música como cuando cantó durante el tiempo de adoración. No era sólo sobre cantar; era el hecho que sentía la presencia de Dios. Ella amaba las palabras que todos estaban cantando, pero la adoración iba más allá de las palabras en su mente, era una expresión de sus corazones.

Ella y sus amigos del campamento, Lucas y Harper, estaban parados juntos durante la adoración cuando el pastor de niños se acercó al frente para compartir:

"Ha sido una semana genial, y me he divertido mucho con ustedes chicos. Me encanta que nuestro enfoque espiritual de este año sea la amistad con Dios y escuchar su voz". Lucas, *"fue una gran palabra profética la que el pastor invitado te dio en la primera noche".* Porque estamos en la última noche del campamento, quiero que practiquemos lo que hemos aprendido de escuchar la voz de Dios,

vamos a pedirle a Dios que diga algo específico a través de cada uno de nosotros para el próximo año escolar, y nos vamos a dividir en grupos de dos o tres y vamos a orar juntos para hacer esto".

Todos habían sentido expectativa durante toda la semana de reuniones inspiradoras de las que habían formado parte. Harper corrió a orar con su hermana Hartley, mientras que Lucas se quedó con María, a ella le gustaba Lucas como compañero porque él se

tomaba a Dios muy en serio, y aparte era muy divertido pasar tiempo con él.

"¿Alguna vez has escuchado a Dios, Lucas?, ¿Me refiero, aparte de la increíble profecía que recibiste en la primera noche?"

Las actividades que los maestros habían realizado durante toda la semana para ayudarlos a escuchar la voz de Dios parecía que a María no le estaban sirviendo; muchos de los niños ya habían compartido historias personales asombrosas de encuentros con Dios y revelaciones proféticas, aunque ella creía que pronto iba a tener sus propias historias para contar, simplemente nada le había sucedido todavía.

Todos los instructores del campamento habían dicho que la amistad con Dios significaba que podías oír su voz, y ella no lo había hecho.

"*Sí, Él me habla mucho*", dijo Lucas.

"*¿Cómo sabes si lo que estás escuchando es Él y no tú?*" María giró un mechón de su pelo rojo alrededor de su dedo.

"*Bueno, Él me dice cosas que yo no había estado pensando, o me invita a hacer cosas que yo nunca pensaría hacer. Como el otro día, cuando estábamos en la cena, yo sentí que tenía que tomar el puesto de Harper para limpiar después de la cena. A mí no me gusta limpiar, pero cuando le pregunté a ella si quería que lo hiciera, ella estaba tan agradecida – la habían invitado a estar en el grupo de adoración esa noche y necesitaba estar allá temprano para practicar. Ella acababa de orar para no tener que ayudar a limpiar cuando yo le* pregunté si podía tomar su turno. Que yo limpiara un poco más, hizo posible que ella hiciera algo que realmente ama. Yo creo que cuando estamos listos para escuchar a Dios, Él nos ayuda a hacer cosas para ayudar a las personas a nuestro alrededor, aunque sea con pequeños detalles".

María asintió: "Yo desearía escuchar a Dios así".

"Tú puedes y lo harás. Vamos a intentarlo ahora". Lucas agarró sus manos, y ellos cerraron sus ojos para orar.

"Dios, te amamos y sabemos que Tú nos amas. Nosotros queremos saber si hay algo que nos quieras decir sobre nuestro año escolar o sobre nuestras vidas".

María se esforzó por oír algo. Esperó y esperó, pero sólo oyó a su estómago gruñir. Necesitaba más malvaviscos. Abrió los ojos para ver a Lucas sonriéndole de oreja a oreja.

"¿Qué?" ella le preguntó: *"¿Dios te dijo algo?"*

"Sip. Él dijo que Él quería mostrarte para que fuiste hecha; Él quiere mostrarte tu destino".

María acababa de aprender que cuando escuchas algo de Dios de alguien más, la Biblia dice que eso es una profecía ¡y Lucas estaba profetizando sobre ella! Su corazón empezó a latir muy rápido.

Justo en ese momento, Harper caminó hacia ellos agarrada de la mano de su hermana. *"Oigan chicos, ¿escucharon la voz de Dios? Nosotras la pasamos increíble."*

María dijo emocionada, "Lucas profetizó que Dios tiene un mensaje para mí sobre mi destino".

"*Yo conozco mi destino,*" Hartley anunció, soltando la mano de su hermana. "*¡Es helado!*" Ella corrió hacia la cafetería, porque ya era la hora de la merienda y se había terminado la reunión.

Lucas miró a Harper. "Harper, oremos para que María escuche a Dios ahora mismo."

Harper estuvo de acuerdo.

María pensó que el helado parecía más real y satisfactorio, pero cerró los ojos de todos modos. Harper y Lucas oraron un poco, pero María estaba perdida en sus pensamientos. Ella estaba recordando el tiempo de adoración y lo bien que se sintió cantarle a Dios sobre su amor por Él, se perdió en la bondad del momento cuando se sorprendió de escuchar desde algún lugar dentro de su corazón y mente: *Te he hecho para que seas creativa como Yo. Eres una actriz"*. Ella jadeó sorprendida.

"¿Qué viste o escuchaste?" Lucas preguntó emocionado.

"Yo… yo no sé qué decir". Las palabras le habían parecido tan claras; sonaban casi como su voz, pero un paso más allá de su voz. Le explicó a Lucas y Harper cómo había estado perdida en sus pensamientos acerca de Dios cuando sintió que había oído algo, pero todavía no estaba segura.

"Dios nos habla de muchas maneras, y lo que estás describiendo parece ser una de esas maneras. Yo te entiendo por completo," dijo Harper. *"¿Qué te dijo Él?"*

María sintió que si les decía, ellos se podían reír de ella. A ella siempre le había encantado actuar y estar en obras, pero dedicarse por completo a eso parecía imposible. Ella miró a sus amigos y supo que la amaban, así que respiró hondo y luego dejó que las palabras salieran apresuradamente: "Siento que Él dijo que iba a ser actriz".

Entonces Lucas dijo, *"Mientras tu decías que ibas a ser actriz, yo sentí que escuché la palabra 'hermano' sobre mí. ¡Estamos escuchando a Dios!"*

"Ohh, quizás tu mamá va a tener un bebé," dijo María emocionada. Ella siempre quiso que su mamá tuviera otro bebé, pero su mamá y su papá estaban contentos con dos hijas.

"Bueno," dijo Lucas. "Mamá y papá no pueden tener más hijos; ellos sólo nos tienen a mí y a mi hermano. Mi hermano fue el último, y yo creo que ellos me hubieran dicho. Quizás Dios los va a curar. No lo sé. A veces Dios te dice cosas que no son lo que normalmente piensas. Son como pistas, para que cuando se conviertan en realidad, tú digas, '¡Guau! ¡Dios hizo eso!' y tú estás seguro de que fue Él".

Los tres se quedaron en silencio un rato. María sintió como que su corazón acababa de recibir una actualización, una que la llenó de anticipación y le respondió algunas de las preguntas que ella tenía sobre su vida y su futuro. "Yo soy una actriz," ella se susurró a sí misma, probando la palabra: actriz. Se sentía bien.

CAPÍTULO 2

Lucas entró a su casa cargando una montaña de cosas -un saco de dormir, una almohada, una enorme mochila, una bolsa de balones de fútbol, su bolsa de libros, era una pila sin fin. La familia de María había salido de la ciudad, entonces la familia de Lucas estaba cuidando a su pequeña mascota, un boston terrier, que estaba saltando en sus patas, buscando atención y ladrando emocionadamente como si no hubiera visto a Lucas en diez años.

"Hola, Jarvis." Él acarició al "perro del circo" como lo llamaba. *"¡Mamá ya llegué!"* él gritó.

Su hermano de dos años corrió primero a la sala y abrazó la pierna de Lucas, queriendo que lo fuera arrastrando. Su mamá lo siguió y le dio un gran abrazo a Lucas.

"¡Oh, mi pequeño hombre, te extrañé muchísimo!"

Por un momento se sintió como su hermano menor, por la manera como ella lo abrazó.

"¿Cómo la pasaste en el campamento? ¿Fue divertido? ¿Hiciste nuevos amigos?" Ella hizo tantas preguntas a la vez que él casi se marea. Igual él estaba feliz de estar en casa.

Su mamá estaba cocinando la cena, entonces todos se fueron a la cocina. Él se sentó en el taburete junto al mostrador, y su hermano pequeño fingió que las piernas de Lucas eran las vías del tren de juguete que tenía. Jarvis Sdejó caer la pelota amorosamente en el suelo muchas veces, tratando de llamar la atención de Lucas.

Lucas hablaba mientras su mamá ponía las papas en el horno y luego empezó a cortar tomates y pepinos para una ensalada. Le encantaba decirle cómo su equipo ganó el primer lugar en los juegos de campamento. Los juegos y los deportes eran sus actividades favoritas, y él era generalmente la estrella y el motivo que sus equipos ganaran, pero él nunca mencionaba esa parte, sin embargo, él sabía que su mamá y papá lo sabían y que estaban orgullosos.

Mamá levantó la tapa de la olla de presión, y miró al pollo antes de mirarlo a él con entusiasmo otra vez.

"¿Qué hizo Dios?"

Lucas compartió felizmente sobre la adoración y la enseñanza de los equipos infantiles, pero también sobre un punto importante de su semana. *"Justo al final de la adoración una noche, el pastor invitado, Shawn Bolz, se paró y dijo, 'Dios les va a enseñar a muchos de ustedes sobre la naturaleza de Su amor. Él les va a dar la oportunidad de mostrar una gran compasión y aprender qué significa esa palabra.' Entonces él me señaló y dijo: 'Dios te quiere enseñar cómo amar a las personas como Él lo hace, y en el fútbol este año, tú vas a tener la oportunidad de ser un campeón de la compasión. No sólo tú vas a tener compasión, sino que vas a ayudar a otros a tener una naturaleza compasiva"*.

Su mama sonrió. *"Eso es bello. ¿Él sabía que el fútbol es tu vida?"*

Lucas se paró y agarró unos cuchillos y tenedores del cajón de los cubiertos. Él sabía cuánto apreciaba su mamá su ayuda con la cena, y él quería poner la mesa. "No, él era una especie de pastor especial ¡no nos conocía a ninguno! De todos modos, cada vez que estaba en la adoración después de eso, me sentí como cuando tú o papá me abrazan, y eso casi me hizo llorar. Se sentía muy… intenso, pero de una buena manera", Lucas pensó un momento sobre la otra cosa que Dios le había dicho sobre un hermano, pero decidió guardárselo porque él no sabía si sus papás querían tener más hijos o no, y le parecía raro decirlo.

Su mamá lo abrazó. *"Me encanta, cariño. Suena como que Dios va a hacer un depósito grande de algo realmente especial dentro de ti, y ya ha comenzado. Eres tan especial".*

El momento hubiera sido súper especial si su hermano pequeño no hubiera empujado su tren en su estómago para que Lucas jugara con él, y si Jarvis no hubiera estado jalando los cordones de sus zapatos.

Cuando se fue a la cama aquella noche, oró: *"Jesús, quiero saber qué significa realmente la compasión, y quiero amar a todos como Tú los amas"*. Él se sintió satisfecho con eso y se quedó dormido.

CAPÍTULO

3

"Lo siento, María, la clase de teatro que quieres tomar en el teatro comunitario está llena. Vas a tener que esperar", dijo el papá de María mientras abrían las puertas del carro y entraban.

María no lo podía entender. Ella había orado y le había pedido a Dios que le dijera algo sobre este año y escuchó que ella era una actriz, pero luego no recibió la oportunidad que buscaba. ¡No tenía sentido!

"En la escuela vas a tener oportunidades para actuar en algún momento este año. ¿Recuerdas la obra sobre nutrición en la que estuviste el año pasado? Fuiste la zanahoria cantarina más linda". Claro que su mamá iba a mencionar uno de los momentos más vergonzosos de su vida…

"En la escuela todos participan en las obras. Es divertido, pero no es actuación de verdad." María frunció el ceño.

Jarvis había ido con ellos y ahora se montó en su regazo para consolarla. Ella lo acarició en silencio, pensando, mientras que el grupo mexicano favorito de su papá sonaba en la radio.

"Cariño, a veces Dios te muestra una cosa, pero luego hay obstáculos y tienes que escuchar su voz de nuevo. Si de verdad es Dios, Él va a encontrar un camino". La mamá de María extendió el brazo y le dio unas palmaditas en la rodilla.

No lo creo... capaz no escuché realmente a Dios, María pensó. Ella había estado tan segura de ello que ahora no lo quería dejar ir, pero parecía que era un sueño imposible.

"Oh hija, dile a Dios que estás triste y pídele que lo solucione para ti. Él quiere lo que nosotros más

queremos, porque *Él lo quiso primero. Cuando Él te habló, tú apenas vislumbraste lo que Él ya quería. Si es Él, te va a ayudar – no hay dudas al respecto.*"

María reflexionó sobre eso. ¿Era posible que Dios lo quisiera tanto como ella? Ella ya se estaba imaginándose en obras impresionantes como la actriz principal, captivando audiencias con su increíble talento,

un regalo de Dios. ¿Cómo iba a llegar a ese nivel si no podía ni siquiera tomar una clase de actuación? Ella cerró los ojos y oró en voz alta, *"Dios, si Tú quieres esto más que yo, por favor encuentra una manera de hacerlo posible. Amén."*

Justo entonces, el teléfono sonó. María podía escuchar la voz de la mamá de Harper en la línea. Las mamás hablaron por un rato, y María se preguntó si la llamada era sobre la fiesta de pijamas que había planificado con Harper.

La mamá de María colgó la llamada y se giró hacia ella. *"Nena ¿qué tal una clase de coro*

infantil? La mamá de Harper me acaba de decir que Harper se unió a un coro infantil, y es en el teatro en el que estábamos. ¡Eso sería divertido!"

María sabía que su mamá estaba intentando animarla, y eso sonaba como algo divertido, pero no era lo que ella de verdad quería. *"Está bien Mamá. A mí me gusta cantar con Harper."* Ella intentó sonar animada.

Su mamá sonrió y dijo, *"Voy a pasar por allá mañana y te inscribo."*

Esa noche, María estaba sentada cómodamente en su cama con la tablet de su papá, chateando con Lucas y Harper. A ella le encantan las redes sociales, y Lucas les estaba mostrando a las niñas toda clase de memes divertidos sobre la clase de educación física porque a María no le gustaba la educación física. Harper y Lucas siempre se burlaban de ella por odiar lo que era, para ellos, la clase más fácil. Jarvis estaba acurrucado a lado de ella, mirando a la tablet como si él fuera parte de la conversación.

Después de charlar un rato, Lucas dijo: *"Vamos a practicar profetizar. Podemos intentar obtener palabras de sabiduría para las personas. Yo voy a pensar en alguien a quien conozco muy bien, y ustedes le van a pedir a Dios que les diga cosas* que *Él sabe sobre ellos. Va a ser como orar por sus vidas, aunque ni siquiera estén aquí, pero no nos tenemos que preocupar si no recibimos todas las palabras proféticas correctas, y todos podemos tener un turno."*

La gigantesca sonrisa de Harper delataba sus pensamientos sobre la idea, pero María agachó la cabeza y suspiró.

Harper se dio cuenta de que María estaba nerviosa, sobre todo después de escuchar su noticia de que no iba a poder estar en clases de actuación, y ella dijo, *"Vamos, ¿qué tienes que perder? Sólo somos nosotros."*

Entonces todos empezaron a hacer silencio. Harper frunció el ceño en la pantalla de la tablet, y eso hizo

que María sonriera satisfecha al ver el esfuerzo que
Harper estaba haciendo.

"¿Es una niña?" Harper le preguntó a Lucas.

"¡Sí es!" Lucas
sonrió.

"*Bueno, teníamos un 50% de posibilidad de que sea niño o niña,*" María dijo secamente.

Harper le dirigió una mirada de desaprobación, pero trató otra: "*¿Es conocida por su buen corazón y por cocinar bien?,*" ella preguntó.

"*¡Sí y sí!*" dijo Lucas.

Harper golpeó el puño en el aire dos veces. "*¡Sí, Jesús es lo máximo!*"

Ellos se rieron y Jarvis ladró ante el ruido, rodando su pelota hacia María porque él quería ser parte de la acción.

"*¿Ella tiene treinta años?*" Harper preguntó.

"Nop." Dijo Lucas. *"¿Y tú María? ¿Algo?"*

María realmente intentó concentrarse. Pensó en esta mujer misteriosa y trató de imaginarla en su cabeza. Ella simplemente no sentía ni escuchaba nada. Se acordó que en el campamento el pastor de niños decía, *"Recuerden, intenten amar con el corazón de Dios. Él ama cuando ustedes intentan amar como Él. Si intentan ser poderosos o hacer que algo suceda, no están entendiendo lo más importante."* María se intentó acercar a Dios con su corazón e intentó imaginar lo que Dios amaba sobre esta mujer.

Ella sintió algo. No era algo que ella hubiera pensado antes, y no parecía ser algo inventado. Ella sintió que la mujer misteriosa ha estado muy preocupada por una mudanza y que había estado orando por ello. María podía sentir la paz de Dios para la mujer y sabía que iba a ser capaz de moverse a algún lugar increíble cerca de su familia.

"¿María?" Tanto Lucas como Harper le hablaban al mismo tiempo, tratando de captar su atención desde sus pequeñas pantallas de video separadas.

"Lucas, ¿ella está intentando mudarse para estar cerca de su familia?" María se frotó la frente. No quería equivocarse y sonar tonta.

"Sí, la abuela está tratando de mudarse para acá, ¡pero ella no ha podido vender su casa!" Se golpeó

la frente con el dorso de su mano. *"¡Oh, acabo de decir quién era!"*

"¡Sabía que era mayor!" Harper gritó.

María estaba tan atrapada por el amor de Dios por la abuela de Lucas que empezó a orar por ella. *"Jesús, yo creo que Tú me estás mostrando que la abuela de Lucas se va a mudar para acá y que Tú vas a vender su casa. Por favor bríndale paz hasta entonces."* Justo en ese momento, ella *supo* que Dios iba a llevar a alguien a comprar esa casa. Ella estaba tan segura de eso que se lo dijo a Lucas.

"¡Oh, chicas, esto es genial! La abuela va a estar tan emocionada que oramos por ella. No tienen idea. La voy a llamar ya mismo." Él cerró la pantalla y se despidieron.

Harper miró directo a la cámara en la pantalla.

"María, ¿no crees que, si Dios quiere ayudar a la abuela de Lucas con su casa, para que se pueda mudar, Él ya tiene establecida una manera de cumplir con la promesa que Él te hizo? Tú tienes fe en que la casa de la abuela de Lucas se va a vender, aunque en este momento no se está vendiendo. Capaz necesitas tener fe en que Él va a hacer que tu oración se convierta en realidad también."

María comprendió lo que Harper estaba haciendo: estaba haciendo lo que hacen los buenos amigos, alentando su corazón.

María se fue a la cama muy feliz esa noche, con Jarvis junto a ella. Dios ya estaba trabajando para

ella, así como Él estaba trabajando para vender la casa de la abuela de Lucas. Sólo tenían que ser pacientes.

Ni siquiera le molestaban los ronquidos de Jarvis.

CAPÍTULO 4

El partido estaba por empezar, lo que significaba que la vida real de Lucas comenzaría. De todos los niños que jugaban en el equipo, ninguno de ellos podía igualar su entusiasmo por los deportes, cuando sonó la última campana de la escuela,

Lucas no pudo haber llegado al campo más rápido. Después de que los demás llegaron, el entrenador de fútbol, Jayden, les habló sobre la temporada, Lucas miró a todas las caras familiares del equipo a su alrededor; él conocía a casi todos, excepto al niño que estaba más alejado de los demás, era alto y delgado como un esqueleto y tenía el pelo negro más rizado que Lucas había visto. Este nuevo niño sólo miraba al suelo y lo pateaba.

Cuando el entrenador Jayden los preparó para las diferentes carreras de obstáculos, Lucas notó que el nuevo no era muy atlético. No podía evitar orar un poco por él en voz baja, porque pensaba en lo incómodo que se debía sentir el chico nuevo. El entrenamiento era bueno, pero Lucas apenas lo disfrutaba porque se sentía tan mal por cómo todo el mundo estaba tratando al niño nuevo debido a su torpeza.

El primer entrenamiento terminó un poco temprano. Todos los niños estaban esperando a que sus padres los recogieran. Lucas estaba jugando con un balón de fútbol y charlando con algunos de los muchachos. El entrenador Jayden estaba de pie junto a la fuente de agua, jugando un videojuego en su teléfono, pero bastante lejos de los jugadores dispersos en el campo.

Lucas estaba tan concentrado en sus pensamientos que no vio al niño nuevo tropezarse con un pequeño hueco en el campo y caer sobre el jugador más grande, y a veces el más malo, Jeffrey.

"Hey, ¿qué estás haciendo?"

"Lo-lo lamento." El niño sonaba realmente asustado.

"¿Lo-lo lamentas? Sí, lo vas a lamentar." Jeffrey lo empujó al piso.

A Lucas, no le gustaba los conflictos que algunos de los otros chicos como Jeffrey siempre estaban empezando, pero éste era especialmente malo porque este nuevo chico no iba a poder hacer nada contra Jeffrey como enemigo. Él

no se quería meter, porque Jeffrey era bastante popular y podía hacer la vida de los demás chicos miserable. Además, él no quería verse mal en frente de todo el mundo por defender al chico nuevo que se veía tan distinto.

El chico nuevo se intentó parar, pero Jeffrey lo volvió a empujar y burlonamente dijo, *"Qué-quédate abajo."* Ahora el chico de verdad se veía asustado.

Para bien o para mal, Lucas tenía que hacer algo. Sin pensarlo se puso enfrente del nuevo.

"*Jeffrey, déjalo tranquilo.*"

"*¿Qué? ¿Defendiendo a tu novia?*" Jeffrey se plantó muy cerca en frente de Lucas.

Lucas le dio la espalda y extendió su mano para ayudar al niño nuevo a pararse. El niño agarró su mano y se empezó a parar, pero justo en ese momento Jeffrey los empujó a los dos. Muchos de los chicos se empezaron a reír cuando Lucas cayó encima del niño nuevo.

"Lucas tiene novia; Lucas tiene novia," Jeffrey gritó.

Lucas se paró y ayudó al niño nuevo. Él no se dejó intimidar por Jeffrey el malvado, pero el

chico nuevo corrió hacia los baños, y Lucas pensó que lo vio llorando. Él miró a Jeffrey directamente a los ojos. Estaba furioso. Se sentía tan mal por el nuevo chico.

Jeffrey se unió a los otros chicos, que ya habían perdido el interés en la confrontación, y siguieron jugando con los balones de fútbol.

Lucas caminó hasta los baños. Él vio al nuevo frente a los lavamanos. *"Hola, mi nombre es*

Lucas. Lamento lo que pasó allá con Jeffrey y los demás."

El niño nuevo no lo miró, pero dijo, *"Me llamo Jamal."*

"¿Jamal te acabas de mudar para acá?"

"Sí."

No dijo más nada entonces Lucas intentó con otra pregunta. "¿De dónde te mudaste?"

Jamal encogió los hombros y cruzó los brazos. "De todas partes. El último sitio fue Sacramento."

En ese momento Lucas sintió un tirón en su corazón. Él sintió que el Espíritu Santo lo envolvía, así como Él hizo cuando estaba en la iglesia. Lucas sintió que Jamal estaba pasando por una situación difícil con su familia y que Dios le estaba pidiendo a Lucas que no fuera sólo un amigo, sino que actuara como un hermano. ¿Era esto sobre lo que la palabra sobre ser hermano lo estaba preparando? ¿Para tener a un amigo que fuera como un hermano?

Él se sintió un poco raro, porque él ni siquiera conocía a este chico. No le costaba nada investigar, especialmente por el sentimiento tan fuerte que tenía. Él sabía que tenía que hacer algo.

"¿Quisieras ir a mi casa a jugar después de uno de los entrenamientos?"

Jamal lo miró. Lucas se dio cuenta que era muy alto. Jamal sonrió un poco. *"Sí, está bien. Ok Lucas, yo le voy a preguntar a mi…umm… mamá."*

Lucas y Jamal estaban saliendo del baño cuando el perro del circo, Jarvis, corrió hacia ellos ladrando. María y Harper venían detrás de él, y ellas acaban de terminar su propio entrenamiento. La mamá de María había llegado a recogerlos a todos.

"¡Hola Jarvis!" dijo Lucas. Jarvis persiguió uno de los balones que un niño había pateado. Lucas corrió detrás de él y lo alzó en sus brazos. Él estaba pensando en lo que acababa de suceder, y no podía esperar a ver qué clase de amigo iba a ser Jamal, o qué iba a hacer Dios.

CAPÍTULO 5

La mamá de María llevó a Harper y a ella de la escuela, a su nuevo programa de coro, estaba tan emocionada de ver cómo sería. Ninguna de ellas había tomado alguna vez una clase fuera de la escuela. Se sentían como profesionales al formar parte de algo en lo que ninguno de sus otros amigos estaba involucrado. Jarvis lamió a María como despedida mientras ella se bajaba del carro, Jarvis estaba tan emocionado como ellas.

Cuando entraron al teatro, formaron a todos en dos líneas en el escenario – una para los niños y otra para las niñas. Una mujer bonita con un mechón rojo en su pelo rubio hizo un anuncio cuando se sentaron.

"Gracias a todos por unirse a nuestro coro. Este va a ser un tiempo muy emocionante. ¿Cuántos de ustedes han ido a un musical?"

Harper alzó su mano antes que cualquier otro. María sabía que ella no había visto cualquier musical, sino uno de verdad en Nueva York. María había visto *Cenicienta* en Los Ángeles, entonces era una de diez niños que había visto un musical.

"Bueno, ustedes van a estar aprendiendo a cantar canciones de concierto, que son canciones de obras de teatro llamadas musicales."

María miró a Harper y susurró. *"¡Esto es casi como ser una actriz!"*

Ambas dieron un chillido susurrado de emoción.

Un señor mayor distinguido, en traje y corbata caminó hacia ellos desde la parte de atrás del auditorio. Llevaba una larga bufanda de lana atada con un nudo suelto alrededor del cuello. *"Yo soy el señor Wright, y me acabo de retirar a esta comunidad porque mi nieta vive aquí. Yo he* enseñado música profesional por más de cuarenta años." A María le pareció muy serio y profesional. "Mi nieta dirige este teatro, y nosotros vamos a montar un musical para la próxima temporada. Yo quiero ayudar a enseñar a niños como ustedes a ser actores de verdad, si eso es lo que quieren, para que podamos montar un musical como nunca antes se ha visto en esta ciudad."

El corazón de María empezó a latir muy rápido. No sólo nunca se había presentado un musical en su ciudad, sino que sólo se habían expuesto unas pocas obras cortas y shows teatrales de pequeña escala. Ella lo había investigado. Ahora el señor Wright se había mudado, y ellos iban a montar obras de verdad, para las cuales María iba a tener una oportunidad de practicar; Se le puso la piel de gallina.

"María… ¿tú sientes eso?" Harper también debe de haber sentido que la piel se le erizaba. *"Yo siento que estoy en un momento divino. ¡Es tu profecía! ¡Dios, sí te habló!*

"Pellízcame. ¡Estoy soñando!" dijo María, y ellas se abrazaron.

Todos los otros niños estaban emocionados también, pero nadie podría haber estado tan emocionado como Harper y María.

La clase fue extra larga porque el Sr. Wright hizo que cada niño cantara de manera individual. Dijo que necesitaba escuchar la capacidad de canto de cada niño para saber con qué estaba trabajando. La mamá de María se debe de haber cansado de esperar afuera porque ella entró y se sentó en la parte de atrás del teatro junto con otros padres.

Harper estaba parada junto al piano, enderezó su espalda,
y metió

su cabello rizado y rubio detrás de sus orejas. La música empezó y ella empezó a cantar con confianza. María pensaba que ella tenía una gran voz. Ella la había escuchado en la iglesia y cuando cantaban karaoke, talvez Harper nunca iba a ganar un concurso de canto, pero podía llevar una melodía y le encantaba cantar.

Cuando era el turno de María, estaba muy nerviosa. Cantaba todo el tiempo en la iglesia y en su casa, pero nunca había intentado cantar para alguien (excepto apasionadamente en su dormitorio cuando sólo Jarvis estaba con ella). No sabía cómo cantaba en comparación a los demás, y ella nunca se había preguntado si podía cantar. Ella sólo asumió que tomar una clase de coro en el teatro local iba a ser divertido y fácil. Ahora estaba muy nerviosa.

Ella se paró junto al piano, el señor Wright tocó una nota e hizo que ella la cantara. Después cantó otra, y le pareció que sonaba bastante bien. Hasta ella se sorprendió. El señor Wright parecía disfrutar tocar una amplia variedad de notas y hacer que ella lo siguiera, a veces tocaba una secuencia lenta y otras rápidas. Cuando terminaron, los otros niños aplaudieron.

"Muy bien querida," dijo el señor Wright.

Estaba tan emocionada. Se sentía como si estuviera dando el primer paso en el camino hacia su destino – hasta que la última estudiante se acercó al piano. Todo acerca de ella era perfecto – desde su pelo negro liso con flequillo y su camisa y falda perfectamente planchadas.

Un niño en frente de ellas se acercó a su amigo. *"Se llama Brooke Lee. He escuchado que ha estado en clases de canto desde que tenía cinco años."*

Brooke actuaba como una profesional. Ella parecía una adulta en el cuerpo de una niña de diez años, *segura de sí misma y concentrada. Ella susurró algo en el oído del señor Wright.*

"¿Estás segura?" él preguntó.

Ella asintió elegantemente.

Él tocó una canción de la obra de Broadway llamada *"El Fantasma de la Ópera"*, un clásico, y Brooke abrió su boca y cantó con una voz impecable.

Todos los niños estaban impactados. Algunos de ellos, incluyendo a María, tenían talento, pero Brooke tenía un genio innato.

Harper agarró la mano de María. *"¡Esto es genial! ¡Siento que estoy viendo un musical de verdad!"*

El labio inferior de María temblaba. No era increíble o maravilloso. Brooke se había robado el espectáculo. Pero Dios le había dado a María la promesa de actuar. ¿Cómo eso iba a funcionar ahora? ¿Cuántas partes para niños iban a haber en este musical profesional? ¿María iba a tener una oportunidad de tener aunque sea una línea con Brooke de competencia? Se sentía terrible, pero trató de no mostrarlo.

Esa noche, el papá de María entró en su habitación con Jarvis y comenzó a arroparla. Jarvis saltó y se acurrucó bajo su brazo.

"¿Qué pasa Bella?" Él usó su apodo para referirse a ella.

"Papá, me siento terrible." Ella le contó todo. *"¿Soy una mala persona por estar tan*

enojada porque alguien es mejor que yo en algo que es un mandato de Dios para mí?" Ella lloró sobre el pelaje de Jarvis.

Su papá la miró profundamente a los ojos. *"Mi Bella, yo sé que tu sientes que Dios te ha llamado a actuar, pero ¿por qué? Pregúntale a Él por qué, y Él te va a calmar el corazón. Antes de recibir tu mandato a ser una actriz, tú eres Su hija, así como eres mi hija, y ese es tu destino esencial."* Él la abrazó y le dio un beso de buenas noches.

María se sentó en silencio después de que su papá se fue. Ella decidió orar. *"Padre que estás en el cielo, perdóname por estar tan celosa. ¿Me mostrarías por qué Tú quieres que sea actriz, como dijo mi papá?"*

Apenas lo preguntó, ella vio una imagen en su cabeza. Era la imagen de todas las personas en el mundo que son actores, animadores, directores, modistas, maquilladores y guionistas. Ella vio multitudes y multitudes de personas. Ella sintió un amor profundo por cada persona que veía – ella sintió un amor tan precioso como el amor que sentía por su familia. Ella empezó a llorar otra vez, pero esta vez porque ella había entendido algo que nunca había sabido. Actuar no era su destino; amar a estas personas hermosas era su destino. La actuación era sólo una herramienta que Dios le había dado para poder amar a todos los niños del coro, las personas en el musical, y hasta el profesor, el señor Wright. Ella hasta sintió un gran amor por su competidora, Brooke. Ella podía ver lo valiosa que era Brooke, y no le importó que Brooke fuera más talentosa que ella.

María estaba tan feliz. Nunca había sabido que su destino era el amor. Siempre pensó que era hacer cosas. Se fue a la cama muy feliz esa noche, y les contó a sus padres acerca de su encuentro espiritual al día siguiente en el desayuno. Estaban muy contentos con ella.

CAPÍTULO 6

Lucas se volvió a encontrar con Jamal en los entrenamientos. Habían pasado unos meses, y ser amigo de Jamal no era tarea fácil, era extremadamente tímido y rara vez hablaba con alguien más, cuando alguien se metía con él, se molestaba, y cada vez se ponía peor. Lucas no sabía que hacer. Él se divertía con Jamal cuando estaban solos, pero cada vez que iban a algún sitio, era una tarea estar con él porque nunca le agradaba estar con otros niños. Algunos de los otros amigos de Lucas ya ni siquiera querían salir con él si sabían que Jamal también iba a estar.

Jamal se suponía que iba a ir a casa con Lucas esa tarde. Lucas estaba feliz porque su papá estaba saliendo del trabajo temprano para recogerlos y había prometido llevarlos a cenar, la tienda de videojuegos y posiblemente una sala de juegos, iba a ser una noche de chicos y a él le encantaba estar con su papá.

Lucas entró en uno de los puestos en el baño de los niños y oró: *"Dios, gracias por darme a Jamal como un amigo. Ayúdame a amarlo bien. A veces es difícil porque no es el amigo más fácil. Muéstrame otra vez por qué esto vale la pena."* Se sentía culpable por pedirle a Dios eso, pero tenía que ser honesto.

Cuando se metieron en el asiento de atrás del carro, Lucas le presentó su papá a Jamal otra vez. Jamal apenas le dijo hola. Él actuaba como si estuviera incómodo con su papá, a pesar de que su papá lo trataba como si lo hubiera conocido toda su vida. Lo abrazaba y lo felicitaba todo el tiempo, exactamente como él hacía con Lucas.

Lucas no recordaba la última vez que se había divertido tanto en una noche de chicos, incluso había ganado un pequeño animal de peluche que se parecía mucho a Jarvis, y se lo que quería dar a María.

Él sentía que Dios lo había ayudado con eso, porque parecía que el peluche estaba atascado en la máquina, pero Dios amaba a ese perrito tanto como María lo amaba. Jamal y su papá lo felicitaron como si hubiera ganado las Olimpiadas.

Su papá había hecho que la noche fuera perfecta, y él casi se olvidó de cuánto le costaba a

Jamal hablar con otras personas, porque estaba mucho más relajado con su papá. Cuando iban en el carro a llevar a Jamal a su casa, Jamal parecía un niño nuevo.

"Gracias chicos. Yo nunca había hecho esto antes."

Lucas no entendía. *"¿A qué te refieres? ¿Comer pizza, o ir a un salón de juegos con tu papá, o comprar videojuegos?"* El papá de Lucas le había comprado un nuevo videojuego a cada uno para sus equipos portátiles.

Jamal empujó su pulgar contra su barbilla y miró a Lucas. *"Nada de eso. Yo no* tengo papá. *Nunca había ido a una sala de juegos. Sólo he ido una vez a una tienda de videojuegos, y no compramos pizza muy seguido, y nunca en la tienda donde la hacen sino en el supermercado.*"

Los ojos de Lucas se agrandaron. "*¿Por qué no?*"

"*Hummm, yo soy huérfano. Eso significa que vivo con gente que ayuda a cuidarme, como papás temporales. Pero no importa; los que tengo ahorita son muy buenos.*" Jamal tiró de su camisa y miró a otro lado, como si hubiera dicho demasiado.

Lucas se puso triste, pero saber más sobre la vida de Jamal lo ayudó a entenderlo mucho más. Él sabía que Jamal probablemente no le había dicho a nadie que era huérfano, y se sentía honrado que Jamal había compartido esa información con él y su papá. Le dio un cierto sentimiento dentro que no era pena. Era una sensación cálida pero triste, y eso le hizo sentirse más conectado con Jamal.

¿Qué sentimiento es éste? Él entrecerró los ojos. Entonces recordó su palabra profética en el campamento; ¡estaba sintiendo compasión! Estaba sintiendo una sensación de entendimiento y consideración por Jamal, aunque no podía relacionarse con sus circunstancias ni hacer mucho por él excepto amarlo. En realidad, se sentía más fuerte, aunque normalmente hubiese querido evitar los sentimientos extraños que surgieron en él.

Su papá cambió el tema y habló con Jamal sobre deportes, sorpresivamente Jamal conocía mucho sobre los deportes.

Cuando lo dejaron en su casa, Lucas se sentó adelante con su papá y se puso a jugar con el Boston terrier de peluche. *"Papá, estoy muy triste por Jamal."*

Cuando llegaron a casa, la mamá y el papá de Lucas se sentaron a hablar con él.

Su papá dijo: *"Hijo, Dios nos planeó a cada uno de nosotros millones de años antes de que naciéramos. Se supone que debemos pedirle ojos para ver esa versión unos de otros. Estoy orgulloso de ti por hacerte* amigo de Jamal; necesita un amigo. Él necesita que tú y los demás vean quién es realmente, como Dios lo hizo."

"No entiendo papá."

"Piensa que Dios nos ve a cada uno de nosotros como campeones. En Su corazón ya hemos ganado y estamos sosteniendo un trofeo en nuestras manos. Todos tenemos esa clase de valor para Él, aún gente que todavía no conoce a Dios como Jamal. Dios ama mostrarnos Su amor por otros, pero realmente tenemos que ver tras sus heridas y sus dificultades en la vida, incluso algunas de sus fallas."

"¿Como Jamal que no habla y no sabe cómo hacer amigos?" Lucas les preguntó.

Su mamá asintió. "Exactamente. Piénsalo de esa forma: si tú ves como Jamal se supone que era cuando Dios lo creó, tú ves más allá de las fallas. ¿Y si lo tratas así? ¿Y si le muestras ese valor a él?"

"¿Cómo hago eso?" preguntó Lucas.

"No lo sé cielo, pero Dios te mostró que ibas a crecer en compasión. Esta es tu oportunidad."

Lucas estaba decidido a aprovechar la oportunidad.

CAPÍTULO 7

María estaba paseando a Jarvis, cantándole la canción con la que iba a audicionar en voz baja. Había un papel protagónico para una niña en el musical, y María nunca había querido nada tanto en su vida. ¡Ella se tenía que memorizar la letra! Era el día de las audiciones y ella quería que la suya fuera perfecta. Bueno, tan perfecta como fuera posible para ella, ya que Brooke era la verdadera perfección.

Estaba pensando en ello con tanta fuerza, que olvidó por completo a Jarvis, que había estado esperando pacientemente para entrar en el parque para perros del que estaban afuera. *"Oh, lo lamento cachorrito, pobrecito; anda ve."* Ella le quitó la correa y Jarvis corrió a jugar con todos los otros perros sin preocupación alguna, *"caramba, el llamado de un perro es mucho más fácil que el de un humano"*, pensó María, sonriendo a su pequeño perro amoroso.

Unas horas después, Harper y María estaban sentadas en las butacas del teatro esperando su turno para audicionar. El señor Wright quería que cada persona cantara la canción principal porque había muchos personajes secundarios en la obra, y él quería que todos tuvieran la oportunidad de estar en el escenario. Harper estaba tarareando en voz baja, ajena a todos los demás a su alrededor. María estaba a la espera de Brooke, que, extrañamente, no había aparecido todavía.

Justo en ese momento, llegó un mensaje de texto de Lucas. ¡Su abuela había vendido la casa! Ella se iba a mudar, tal y como Dios le había dicho a María. Ella estaba tan feliz – si Dios había vendido esa casa y respondido a las plegarias de una abuela, ¿qué iba a hacer Él hoy por María? Ella esperaba que Brooke no apareciera para que ella pudiera ser la estrella. Le mostró el mensaje de Lucas a Harper, y ella emocionada apretó la mano de María justo cuando el señor Wright la llamó. Harper hizo un gran trabajo.

María se dio cuenta de que Brooke había llegado con su mamá, ella se veía terrible, estaba estornudando mucho y parecía que tenía una gripe muy fuerte.

Brooke se sentó unas filas delante de ella y le susurró en voz ronca a su mamá, *"no creo que pueda hacer esto."*

Su mamá le pregunto, *"¿quieres irte a casa?"*

En ese momento el señor Wright la llamó. *¿Brooke Lee se puede acercar al escenario, por favor?* Brooke miró a su alrededor con nerviosismo, se subió en el escenario y se acercó al piano.

"Lo lamento, señor Wright, estoy un poco enferma," ella susurró. Su voz era débil y ronca.

"¿Qué dijiste?"

Trató de hablar más alto, pero su voz se lo impedía.

"Lo siento mucho señorita Lee, pero hoy es el único día de audiciones. Puedes tomar un momento para recuperarte, o puedes ir a casa y recibir un papel secundario."

María no lo podía creer. Ella se quería parar en la silla y gritar de felicidad, pero sólo se aferró al borde de su asiento. *¡Brooke no iba a ser la protagonista porque estaba enferma! ¡Dios la pudo haber enfermado para que María pudiera ganar!*

El señor Wright llamó a María. Ella nunca había estado tan preparada en su vida. Empezó a tocar su canción. Fue impecable, no tanto como si Brooke la hubiera cantado, pero ella se sintió bien de principio al fin. Los otros niños aplaudieron más de lo que hicieron en las otras audiciones. Ella se sentía como una estrella.

Luego miró a Brooke y a su mamá y todo cambió. Brooke se veía impotente y miserable, y su mamá le acariciaba la espalda mientras ella trataba de respirar hondo. Su cuerpo obviamente no estaba funcionando bien y ella estaba perdiendo una oportunidad por algo que no era su culpa. El corazón de María se sacudió, y de repente supo que Dios nunca haría enfermar a alguien sólo para ayudar a otra persona. Ella se acordó de lo que Dios le había enseñado acerca de su destino. Brooke era su destino; amarla era su destino, no ser la estrella del espectáculo. El amor era más importante que este papel.

Ella fue hacia Harper, quien la miró con su mirada clásica de "soy una ganadora."

María se rio, pero luego se puso seria otra vez. *"Harper, ¿tú crees que Dios puede curar a Brooke?"* ella preguntó.

"¡Claro!... espera un minuto... ¿tú quieres orar para que Brooke se cure?", Harper parecía asustada.

María asintió.

Harper dijo, "Ok, me encanta eso, pero vamos a ser realistas, por si acaso. Si le preguntas si puedes orar por ella y ella se ofende, o si su mamá se molesta contigo por hablar de religión con ella, te puedes meter en problemas, especialmente si te reportan con el señor Wright. Entonces él se puede fastidiar contigo y puedes perder tu posición, que parece que va a ser el rol principal. Entonces, si Dios la cura...sabes lo que eso significaría. No obtendrías el papel protagonista. Amo la forma en que piensas, y *estoy contigo en lo que elijas, pero necesitas pensar en las consecuencias."*

María había pensado en esas cosas. La conclusión, sin embargo, fue que Dios le estaba dando el llamado y las habilidades para actuar para que ella estuviera en este ambiente y amara a gente como Brooke.

"Yo conozco esa mirada," dijo Harper. *"Vamos."*

Se sonrieron. María empezó a caminar, Harper la seguía, y se paró en frente de Brooke.

"Brooke, lamento mucho que estés enferma. Puede que te suene extraño, pero nosotras creemos en el poder de la oración. ¿Puedo orar para que te mejores?"

Brooke y su mamá se quedaron viendo a María. Brooke tenía tal bondad y gratitud en sus ojos. Su mamá parecía complacida de que, por lo menos ellas, se preocuparan por Brooke.

"Sí por favor, me gustaría que oraran," dijo.

María y Harper pusieron una mano, cada una, en los hombros de Brooke y le pidieron a Jesús que le quitara la enfermedad porque sabían, cuánto Él la ama.

Brooke les sonrió cuando terminaron y les dio un agradecimiento ronco.

María no veía ninguna mejora, pero se sentía mucho mejor ahora que había hecho lo correcto. Ella realmente se sentía conectada a Brooke y podía sentir una conexión de amistad que antes no se hubiera permitido sentir. Estaba tan ensimismada en sus pensamientos que no vio cuando Brooke se acercó al piano. Lo siguiente que supo, Brooke estaba haciendo su audición, ¡y no había rastro de la gripe! Ella era la estrella – Brooke, con el brillante don, y no la Brooke enferma. A María le encantó.

Harper tomó la mano de María y la apretó. "Eres fabulosa."

María no podía creer que Dios había sanado a Brooke. Ella estaba tan agradecida con Él.

Después de que Brooke terminara, todos los niños aplaudieron. María y Harper se pusieron de pie y también aplaudieron fuerte.

Brooke les hizo un gesto de agradecimiento a las chicas, y fue entonces cuando supieron que tenían una nueva amistad, y no sólo con Brooke. María nunca había sabido lo que significaba ser un amigo de Dios hasta ese momento.

CAPÍTULO

8

Lucas, Jamal, María y Harper estaban esperando a que la mamá de María los recogiera después de la escuela. Se habían hecho muy amigos de Brooke y ella los había invitado a nadar en su casa.

La mamá de María estaba un poco retrasada, y la mayoría de los otros niños habían sido recogidos por sus padres, excepto Jeffrey, que estaba caminando hacia ellos. Lucas temía incluso interactuar con él por lo malo que era.

Jeffrey sacó el sombrero de Jamal de su cabeza con un movimiento rápido. *"¿Qué pasa, niñas?"* les dijo a los cuatro.

"Déjanos tranquilos", dijo Harper, parándose en frente de Jamal mientras que María se agachaba para recoger su sombrero.

Jeffrey lo pateó a un pozo que se formaba por el agua de los aspersores.

"¡Hey!" dijo Lucas.

Jeffrey sólo se rio.

Lucas le quería pegar, pero sabía que eso no iba a solucionar nada. También sabía que, si no hacía nada, Harper podría decir algunas cosas inapropiadas de las que se arrepentiría más tarde. ¿Que podía hacer? Él oró en su corazón para que Dios lo ayudara, sin esperar realmente una intervención divina. En ese momento, miró a Jamal y vio a Jeffrey y a Jamal casi como la misma persona. Sabía que estaba recibiendo un mensaje de Dios. En vez de ver a Jeffrey como alguien malo, podía sentir que también tenía problemas en casa y probablemente peleaba con sus padres. Dios también lo amaba, y quería ayudarlo.

Lucas respiró profundo antes de decir, *"Jeffrey, ¿puedo hablar contigo a solas?"*

Jeffrey seguramente pensó que Lucas quería pelear con él, pero no parecía que le importara. "¡Claro!" dijo, y siguió a Lucas hasta los arbustos.

Lucas estaba muy nervioso al principio, hasta que sintió algo en su corazón hacia Jeffrey. Era lo mismo que sintió por Jamal antes de que se

convirtieran en amigos. Jamal era un niño adoptado que había pasado por cosas muy duras con su familia. Debido a eso, actuaba un poco raro alrededor de la gente, pero él estaba mejorando como actuaba alrededor de otras personas ahora—con la ayuda de Dios y sus nuevos amigos. Lucas no sabía nada sobre la vida de Jeffrey, pero él sentía que Dios le estaba diciendo que era dura. Él sentía que tenía que mostrar a Jeffrey que entendía cómo se sentía, y que si le contaba sobre el dolor de Jamal, haría que dejara de ser tan malo con Jamal.

"Habla rápido perdedor," dijo Jeffrey.

Lucas quería llorar, porque podía sentir que los abusos de Jeffrey provenían de un profundo dolor. . . Pero no lloró. *"Jeffrey, quiero decirte un pequeño secreto y espero que lo mantengas. Jamal ha pasado por muchas cosas difíciles. No vive con su familia. Ha tenido que vivir en muchas casas de acogida, y eso le hace sentir que no encaja. ¿Alguna vez has pasado por algo así?"*

Jeffrey parecía un poco sorprendido. Se veía emotivo, pero hizo una mueca y cruzó los brazos.

"Sus problemas no son mis problemas. ¿Cuál es tu punto?" gruñó.

Lucas tragó saliva. "Estás empeorando una situación ya difícil. Soy cristiano, y cuando miré a Jamal hace unos minutos y luego te miré, sentí que tal vez tuviste algunas cosas duras en tu vida también. Dios quiere ayudarte como Él está ayudando a Jamal brindándole amigos. Dios no quiere que tu vida sea dura."

Jeffrey se estaba poniendo rojo. "No me juzgues Lucas." Sonaba como una amenaza.

Lucas vio como cerraba los puños y respiró profundo, esperando que el Espíritu Santo lo estuviera ayudando, y siguió hablando. "No te estoy juzgando. Tú eres el que nos está *juzgando. Yo sólo te estoy diciendo que Dios te ama y que, si las cosas están difíciles para ti ahorita, Él te puede ayudar. También te estoy pidiendo que dejes tranquilo a Jamal, porque él necesita tu compasión."*

Hubo un momento de silencio. Lucas se podía dar cuenta de que Jeffrey lo estaba pensando. Era como si Dios le estuviera diciendo a Jeffrey cuánto lo quiere a través de Lucas, y Jeffrey no podía responder sarcásticamente.

Jeffrey relajó sus manos. *"Está bien, lo voy a dejar en paz."* Escupió en el piso, justo en frente de los pies de Lucas y se alejó.

Lucas se sintió aliviado, sabía dos cosas: una, que Jeffrey realmente debía estar pasando por algunas cosas en casa, pero no sabía cómo conseguir ayuda, y dos, Jeffrey de alguna manera sintió la compasión que Lucas tenía por Jamal.

Lucas recordó la palabra profética que había recibido en el campamento: *"Serás un campeón de la compasión, y ayudarás a otros a tener una naturaleza compasiva"*. Incluso el malvado de alguna manera tuvo un momento de Dios con Lucas y retrocedió. Lucas hubiera querido que Jeffrey tuviera una conexión más directa con Dios en ese momento, pero estaba aliviado que había aceptado dejarlos tranquilos.

En ese momento llegó la mamá de María y los cuatro niños se montaron en su carro. Jarvis se aseguró de besarlos a todos por igual. Hasta

consiguió darle un beso

a Jamal, quien había

dicho que no le gustaban

los perros, pero Jarvis era

más rápido que él.

Más tarde esa noche,

cuando Lucas estaba

solo en su habitación, su

mamá y papá entraron y

se sentaron en su cama.

"¿Cómo estás hijo?"

Él les contó todo lo que

había pasado ese día con

Jeffrey.

Su mamá acarició su cara. *"Estoy tan orgullosa de ti por tu compasión hacia Jamal. Tienes un amor tan real por él que tu amor influyó en un chico bravucón. Eso es increíble."*

"Sí y Jamal ha mejorado tanto desde que ha estado a tu alrededor. Lo has tratado como un hermano y eso lo ha impactado," dijo su papá, lo que emocionó a Lucas. Él hizo una pausa.

"Tu mamá y yo tenemos una pregunta para ti que podría cambiar nuestras vidas, pero no queremos hacer nada apenas que tú de verdad lo quieras."

Lucas miró a su mamá y papá juntos. ¿Estaba en problemas? Ambos se veían tan serios.

"Hemos estado investigando sobre la adopción, porque creemos que Dios nos dijo que íbamos a tener otro hijo. Tú sabes que no podemos tener más hijos, entonces hemos estado hablando sobre la adopción. Pensábamos que el hijo que Dios nos iba a dar iba a ser un bebé, pero... mientras más conocemos a Jamal pensamos que teníamos que averiguar si lo podíamos adoptar. Preguntamos sobre su situación... y resulta que él es elegible para adopción. Su familia adoptiva actual no se lo puede quedar y hemos sido aprobados para adoptarlo… si queremos. ¿Qué opinas?"

Lucas no lo podía creer. Recordó en el campamento cuando oyó la palabra "hermano." Ahora sentía que Jamal era como un hermano, pero nunca pensó que sería como un verdadero hermano. Se sentía tan natural decir que sí.

"¡Claro! ¡Sí!" dijo Lucas. "¡Wow!"

"Esperábamos que a ti también te gustara la idea," dijo su mamá. *"Todavía hay muchas cosas que hacer, y no queremos que pienses que es algo seguro, pero lo vamos a intentar. Mientras tanto podemos ser sus guardianes, y*

dijeron que, si estábamos preparados para él, Jamal podría venir a vivir con nosotros en un mes. ¿Te parece bien?"

Lucas estaba impactado, podía sentir la presencia de Dios en el cuarto. ¡Jamal iba a ser su hermano! Nunca habría intentado ser su amigo o lo habría defendido si antes Dios no le hubiera hablado de

él. Qué giro de acontecimientos en su vida, todo por su amistad con Dios.

CAPÍTULO
9

Las chicas habían trabajado incansablemente en el musical, y ahora que había pasado un mes, estaban más unidas que nunca. Brooke, Harper y María se habían vuelto inseparables. Brooke se había unido a su grupo de amigos, y ella le había dado su corazón a Jesús una noche – en una fiesta de pijamas con las niñas. Los papás de Brooke siempre habían creído en Dios, y la habían criado creyendo en Él, pero ninguno de ellos tenía una amistad con Dios hasta que Brooke supo que era posible.

Brooke pidió permiso para ir a la iglesia con María, entonces los cinco amigos iban todas las semanas. Los papás de Brooke estaban encantados con el pequeño grupo de amigos y los cambios que veían en Brooke, tanto así que ellos empezaron a ir a la iglesia también.

Un día, Brooke le pidió a María y a Harper que vinieran a una fiesta de pijamas el siguiente sábado por la noche. Ella iba a conocer a un verdadero director de casting de Nueva York y quería que estuvieran allí con ella. El director de casting era amigo del señor Wright y había visto el musical en el que habían participado. María estaba muy emocionada. Ahora que era amiga de Brooke, ella ya no sólo pensaba en sus oportunidades, sino que celebraba las de Brooke también.

La noche del sábado, María, Harper y Brooke estaban hablando en el cuarto de Brooke. *"¿Recuerdas el domingo pasado que el pastor John dijo que debemos incluir a Dios en todas nuestras decisiones, y que Él quiere hablar con nosotros de todo?* Yo he estado orando sobre qué me debo poner y cómo me debo peinar, pero creo que Dios no me está hablando. Yo sé que lo puedo escuchar, como cuando sentí que Él quería que le diera mi vida, pero este es otro día importante en mi vida y Él está callado. *¿Será que Él ya no me quiere?* Los ojos de Brooke se empezaron a llenar de lágrimas.

María reflexionó sobre las palabras de Brooke. *"Brooke, si le preguntas algo a Dios y Él no te da tu opinión, yo creo que tienes que verlo de otra manera. Él quiere que tú elijas. Él disfruta tu estilo. Tú eres una de las niñas más lindas que yo he visto. Él probablemente disfruta verte elegir cómo vas a peinarte y qué te vas a poner."*

Brooke inhaló y sonrió al mismo tiempo.

María siguió hablando, *"Él ha puesto el Espíritu Santo dentro de ti para ayudarte a crecer, y cuando descubriste quién eras y qué te gustaba, y tú tomaste decisiones porque eres feliz siendo tú misma, y lo estás haciendo quedar bien a Él, claro, Dios te puede decir si es significativo para ti ponerte algo que vaya a ser importante para el director de casting, ¿pero no crees que Dios actúa como un buen padre que quiere que tomes tus propias decisiones?"*

Brooke parecía confundida. Entonces Harper agregó a lo que María estaba diciendo.

"Piensa en mi hermana pequeña, Hartley. Ella está disfrutando escoger sus propios atuendos por primera vez. Ella elige todo, hasta sus zapatos, y ella elige cosas buenas. Te acuerdas la noche del viernes pasado - ¿y lo orgullosos que

estaban mis papás de ella por vestirse sola como una princesa para ir al cine? Todos amamos cómo se veía. Piensa que nuestro Padre en el cielo no quiere dictar todos tus movimientos. Él quiere ayudarte a aprender a tomar buenas decisiones, y Él ama verte tomarlas. Él nos dio la Biblia y el Espíritu Santo para ayudarnos a ser la mejor versión de nosotros mismos, no sólo hacer lo que nos dicen.”

María sintió que Harper habló como un adulto, y luego reconoció que el Espíritu Santo probablemente estaba hablando a través de ella, porque el Espíritu Santo es el mejor consejero en el mundo. Ella se conmovió por lo que Harper estaba diciendole a Brooke.

Brooke dio un paso atrás e inclinó la cabeza hacia un lado. *"Entonces me están diciendo que Dios no quiere que sólo hagamos lo que Él nos dice; ¿Él quiere ayudarnos a ser quienes debemos ser?"* Ella buscó en su clóset y sacó su vestido favorito – era un vestido azul muy bonito con adornos y vuelos. *"¡Entonces éste es el que me voy a poner para conocer al director!"* Ella sacó todos sus aretes, escogió unos con corazones, y luego consiguió unos zapatos que hacían juego con el vestido.

María la miró después de estar completamente lista. *"Te ves estupenda. Al director le va a encantar tu estilo. Seguramente Dios está orgulloso de ti, porque así me siento yo. Tú puedes con esto."*

Brooke se veía muy confiada cuando se subieron al carro para ir a la audición juntas.

Después de que las niñas y la mamá de Brooke llegaron al lugar acordado, se bajaron del carro al mismo tiempo que estaba llegando el director de casting. La mamá de Brooke lo reconoció, *"Hola señor Jenkins, soy Cindy, y esta es Brooke. Sus amigas vinieron a apoyarla."* Ella les guiñó un ojo a las niñas.

"Encantado de conocerlas. Qué buenas amigas son. Pero déjenme ver algo." El señor Jenkins las miró con atención y sonrió feliz. *"Este día ha sido mejor de lo que pensaba. Mis otras dos citas cancelaron y necesito llenar tres papeles. Por qué no vienen todas y audicionan. Ustedes seguro también son actrices ¿verdad?"*

Harper y María se miraron en shock. Sólo habían ido para brindar apoyo moral, pero el director de casting las había añadido a la audición de su amiga Brooke. Estaban atónitas, así que Brooke habló por ellas.

"Sí, son actrices increíbles. Estábamos juntas en la clase del señor Wright y ellas estaban en el musical al que me fue a ver. Nos encantaría audicionar para usted."

Y con eso, las tres entraron y se divirtieron muchísimo. María sentía que esta audición era sólo una señal de lo que venía, y era divertido tener esta oportunidad.

Unos días después, las tres niñas estaban sentadas en el cuarto de María jugando con Jarvis. Harper les estaba contando una historia acerca de la vez que su mamá perdió sus llaves y Harper, Hartley y su mamá oraron y le preguntaron a Dios dónde estaban. Harper tuvo una palabra de sabiduría acerca de dónde estaban- en un desagüe cerca de la entrada de la casa—y en efecto, ahí estaban.

En ese momento, la mamá de María entró. *"María, una llamada,"* y le entregó su celular. Ella estaba sonriendo de una manera extraña, como si tuviera un gran secreto.

María agarró el celular y le alzó las cejas.

"Hola María, soy la secretaria del señor Jenkins. Te estoy llamando para informarte de que has sido aceptada para el papel para el cual audicionaste. Vas a trabajar para una empresa de comerciales. El señor Jenkins opina que eres una gran actriz y él desea trabajar otra vez

contigo en el futuro. Yo le voy a dar toda la información a tu mamá. Yo ya se lo mencioné."

María miró a su mamá con lágrimas de felicidad.

Brooke y Harper estaban mirándola y conteniendo la respiración. Ellas ya sabían el gran secreto, porque ambas ya habían recibido una llamada similar y estaban esperando a que el señor Jenkins contactara a María. ¡Había sido muy difícil guardar el secreto!

María abrazó a Jarvis y empezó a cantar *"Tú eres bueno"* una canción de adoración que a todos les gustaba. Las otras niñas se unieron, y aunque María siempre había sabido que Dios era bueno, ella nunca había sentido qué tan bueno podía ser hasta ese momento con esa canción.

CAPÍTULO 10

El día siguiente, María, Lucas y Harper miraron al resto de los niños en la iglesia. Ellos tenían unos amigos nuevos ahora- el hermano nuevo de Lucas, Jamal, y Brooke del coro.

Jamal tuvo un cambio drástico desde que empezó a vivir con Lucas, ahora él era más audaz y tenía más confianza y emoción por la vida. Él también resultó ser un gran cantante y se unió al teatro con Harper y María. Pero a él no le gustaba mucho la iglesia. Decía que sí Dios era real, Él haría un mayor esfuerzo por demostrarlo, cuando lo dijo María tenía el corazón destrozado, pero Lucas le dijo que no se preocupara, pues Jamal no había aprendido a ver a Dios como ellos todavía.

Ellos tenían un tiempo para socializar y merendar antes de que el servicio para niños empezara, y María les dijo a los demás sobre la audición de Brooke y lo genial que le fue. Después les dio la noticia extra de que a ella y a Harper también les habían ofrecido pequeños papeles en un comercial para televisión con Brooke. Lucas estaba tan emocionado por ellas que saltó de su silla y casi la volteó.

Harper miró a María y sonrió orgullosamente. *"Estás cumpliendo tan bien tu destino del amor."* dijo.

Hartley estaba sentada encima de Harper y jugando con el perro de peluche de María que

Lucas había ganado hace unos meses. Hartley estaba obsesionada con él, y María nunca lo recuperó.

El pastor de niños les empezó a enseñar ese día sobre 1 Corintios 2, sobre cómo el Espíritu Santo busca en las partes más profundas de Dios, luego busca en las partes más profundas del hombre, y las une. El pastor les explicó que cuando eres un amigo de Dios, el Espíritu Santo te da descargas del corazón de Dios y te muestra cosas que hacen a tu vida mejor y más completa. Los amigos se miraron y sonrieron. Ellos sabían lo cierto que era lo que estaba diciendo, porque todos ellos lo habían experimentado.

El pastor les explicó que se suponía que podían escuchar a Dios y sentir lo que Él siente y saber lo que Él sabe. "¿Alguna vez han visto a los padres o los abuelos de alguien que lleven mucho tiempo casados? Como mis padres, ellos han estado casados por tanto tiempo, a ellos les encanta cocinar juntos, y mientras más cocinan juntos, menos palabras necesitan para entenderse. Si mi mamá necesita la sal, ella con una señal se lo indica a mi papá y él la escucha perfectamente, aunque ella no haya dicho nada, porque él conoce su naturaleza y cómo es estar con ella y leer su corazón.

María se había sentido así con Harper a veces, como cuando estaban haciendo manualidades juntas. Ella conocía más a Harper que a cualquier otra persona en el mundo. Ellas muchas veces sentían que usaban menos palabras, pero aun así eran capaces de comunicarse muchas cosas. Ella se dio cuenta de que Jamal miraba a Lucas mientras el pastor hablaba.

"Bueno, es así cuando tienen una gran amistad con Dios. Conocen Su corazón, como Él piensa, y lo que Él ama. Es como tener chistes privados con tu mejor amigo, y cuando dicen algo, los dos se ríen juntos. Es así cuando conocen bien a Dios."

Harper agarró la mano de María y la apretó. En ese apretón María podía escuchar lo que le decía Harper, *"Nosotras tenemos eso. Te quiero.*

Eres mi mejor amiga." Era exactamente como lo que el pastor estaba diciendo de Dios.

"Lucas," Jamal susurró. *"Yo me siento así contigo. Nadie nunca había intentado llegar a conocerme como tú lo has hecho, y ahora siento que cuando nos vamos a dormir en la noche, hablamos mucho, pero es lo que no decimos lo que importa, y es a veces más importante, que lo que sí decimos. Tú has hecho un gran esfuerzo conmigo, y quiero que sepas que siempre pude sentir que realmente yo te importaba. ¡Gracias!"*

Parecía que Lucas iba a llorar, pero escondió sus lágrimas y juguetonamente golpeó a Jamal en el brazo. *"Tú eres mi hermano y yo te elegí. ¡Claro que me importas!"*

El pastor siguió hablando: *"Mientras más conocemos a Dios, mejor podemos representar Su naturaleza amorosa al mundo de manera natural, sólo porque lo conocemos tan bien. ¿Quién aquí quiere conocer a Dios así? ¿Quién no lo ha conocido así?*

Inmediatamente Jamal levantó su mano.

Los cuatro amigos no podían estar más felices, y Lucas pensó que estaba soñando. Ellos siguieron a Jamal para poder orar con él y el pastor, y ese día Jamal invitó a Jesús a ser su amigo.

EPÍLOGO

Los niños estaban todos en casa de María. El campamento cristiano de verano en el lago iba a empezar en unos días. Hartley también estaba

allí porque sus papás iban a salir juntos, y los papás de María se ofrecieron a cuidarla.

Estaban todos en el patio hablando y viendo a Hartley lanzar pelotas para que Jarvis corriera detrás de ellas, ese era el juego favorito del perrito. Ella siempre se reía al verlo correr casi tan rápido como un leopardo, ella estaba tan ocupada jugando, que no les estaba prestando atención a los niños grandes, pero luego los niños la vieron mirarlos cuando ella escuchó a María hablando.

"Vamos a pedirle a Dios por nuestra próxima palabra profética, como en el campamento de verano del año pasado. No tenemos que esperar a estar en el campamento. Dios ha estado hablando con nosotros de una manera maravillosa todo el año." María les contó a los demás la historia completa de todo lo que había pasado en un corto año. *"Jamal y Brooke, ustedes dos son la respuesta a lo que Dios nos*

dijo el año pasado en el campamento, ¡y yo he aprendido tanto de ustedes dos!"

Todos estaban muy emocionados de practicar escuchar a Dios, y cerraron sus ojos, pero María dejó uno abierto y vio que Hartley también cerró sus ojos. En ese momento Hartley empezó a sonreír. Definitivamente había escuchado algo en su corazón. Jarvis le lamió la cara con más fuerza que nunca.

"¡Tienes razón Jarvis! Dios nos ama y quiere ser nuestro amigo." Ella abrazó al Boston terrier.

María podía sentir la conexión de Hartley con Jesús. ¡Estaba tan sorprendida! María se dio cuenta de que a Dios no le importa si somos grandes o pequeños; Él habla con todos a los que

Él ama, y ahora ella sabía que Dios es el mejor amigo que puedes tener. ¡Todos ellos habían crecido en su relación con Dios en maneras que nunca se hubieran podido imaginar!

ORACIÓN

¡Tú puedes decir esta oración si también quieres crecer con Dios!

Padre, Tú amas tanto al mundo que mandaste a Jesús a morir por los pecados del mundo, por todo lo que hemos hecho mal, entonces resucitaste a Jesús para que nos diera vida.

Yo recibo Tu perdón y la nueva vida que Tú me das. Tú me llamas Tu hijo, y yo te llamo mi Padre y mi Señor. Me lavaste de todo y me reconciliaste con Dios. ¡Ya no tengo que sentirme mal, por mis errores!

Yo recibo Tu Santo Espíritu en mi vida – Tu regalo para mí de poder vivir una nueva vida, como Jesús, y tener una relación cercana e íntima contigo.

¡Gracias y te amo!

Amén.

Acerca de SHAWN BOLZ

Shawn creció en un hogar apasionadamente cristiano con padres que estaban activamente involucrados en su crecimiento espiritual. Al ver como una relación amorosa con Dios comienza a una edad temprana, pues él y su esposa Cherie se salvaron a la edad de tres años; les encanta ver a la próxima generación dotada de herramientas que les ayuden a tomar su fe en serio.

Shawn es un escritor exitoso, conferencista y presentador de eventos, presentador de televisión y pastor en Los Ángeles, escribir y contar historias son dos de sus pasatiempos favoritos.

www.growingupwithgod.com
www.bolzministries.com

Acerca de LAMONT HUNT

Lamont Hunt es un galardonado animador de personajes e ilustrador, que actualmente vive en el área de Los Ángeles. Él creció en Springfield, Virginia, y Memphis, Tennessee, pero la mayor parte de su juventud la pasó en el área de las Sioux Falls en Dakota del Sur. Obtuvo un diploma en bellas artes en dibujo / ilustración / diseño gráfico en la Universidad de Nebraska-Lincoln. ¡Vamos Huskers! Obtuvo una formación más especializada en animación en el Instituto de Arte Internacional (*Art Institute International*) en Minnesota; Guía de Animación; y Animsquad. Lamont ha trabajado como artista / ilustrador y animador en Dakota del Sur, Minnesota, Taiwán y California; Y con empresas como The Jim Henson Co. y Ken Duncan Studio. *Creciendo con Dios* es su primer libro infantil ilustrado.

www.dakotakidcreations.com
www.facebook.com/theartoflamonthunt
Twitter and Instagram: @dakotakid76

CRECIENDO CON DIOS
Libro de Ejercicios

Un complemento de *Creciendo con Dios*, el libro de capítulos para niños, este libro de trabajo animará a sus hijos a practicar como escuchar la voz de Dios.

Este libro no sólo enseña a los niños cómo escuchar a Dios, sino que también les da las herramientas que necesitan para apoyar y creer en sí mismos y unos a otros. En cada sección referente a *Creciendo con Dio*s, sus hijos van a encontrar:

- Un recordatorio de lo que pasó en el capítulo.
- Una historia real de un niño de su edad sobre cómo él o ella encontró a Dios.
- Tres cosas importantes que deben saber sobre escuchar la voz de Dios.
- Versos de la Biblia para respaldar los aprendizajes.
- Preguntas para que ellos piensen y las respuestas.
- Una oración.
- Ilustraciones del libro para mantener el contenido centrado y entretenido.

Esta generación de niños va a la ser la más poderosa y profética que se haya visto, y ese libro de ejercicios es un diario y una guía que les ayudará a cumplir ese destino.

CRECIENDO CON DIOS
Libro para Colorear

¡Creciendo con Dios, tiene un libro para colorear!

En *Creciendo con Dios*, Lucas, María y sus amigos pasan el año en una travesía de escuchar el corazón de Dios. En el camino, ellos aprenden a apoyar y creer en sí mismos y en todos los que los rodean. En este libro para colorear, sus hijos experimentarán la satisfacción de agregar colores vibrantes a las obras de arte del reconocido diseñador de personajes y expertos en animación Lamont Hunt. En el camino, se les recordará las lecciones de vida compartidas en el libro de capítulos.

Este libro para colorear está esperando la pasión única de su niño para colorear estos personajes a la vida.

CRECIENDO CON DIOS
Curso de Estudio

Equipa a las futuras generaciones con las herramientas que cambian vidas, y las cuáles son necesarias para alcanzar el potencial que Dios les dio.

**LIBRO DE CAPÍTULOS | LIBRO DE TRABAJOS | LIBRO PARA COLOREAR
GUÍA DE MAESTROS | 10 SESIONES DE DVD**

Ideal para usar en escuela dominical, campamentos de verano, grupos pequeños, y grupos de estudio en casa

¡Cada capítulo incluye tips para los padres!

¡Compra el set completo!
GrowingUpWithGod.com